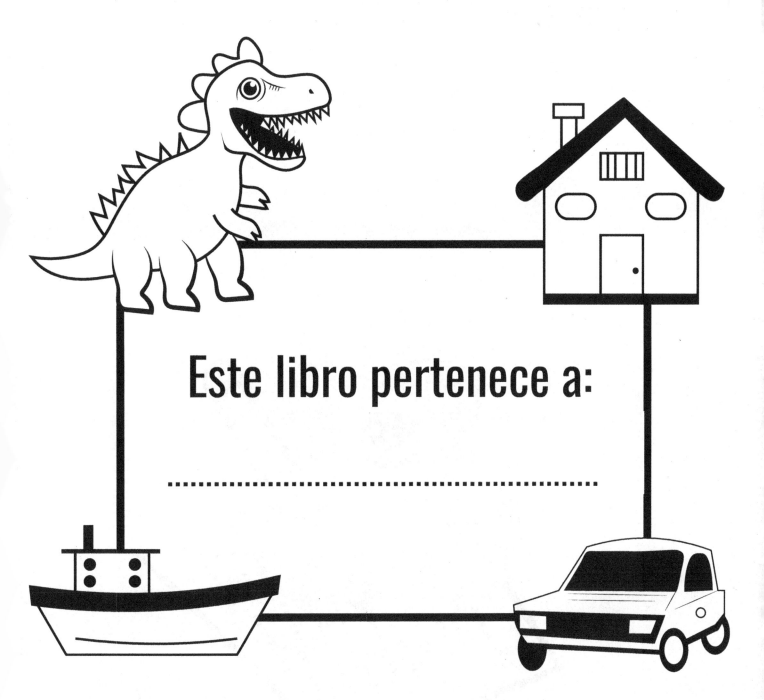

Este libro pertenece a:

....

Libro de Trazar Letras

SAUL MANDRADE

Este amigable libro de caligrafía ha sido cuidadosamente elaborado pensando en los niños en la edad preescolar que están aprendiendo las letras y palabras, con el objetivo de fortalecer la confianza de tu niño en su habilidad de escritura y trazado.

A medida que tu pequeño abra sus páginas, se embarcará en un viaje de aprendizaje gradual y divertido que lo ayudará a dominar la escritura de letras y palabras.

¡Prepárate para ver cómo tu niño practique sus primeros trazados y aprenda nuevas palabras mientras disfruta de esta nueva aventura educativa!

Los **CAPÍTULOS** de este libro incluyen:

- Practicando trazos básicos, intermedios y avanzados.

- Actividades para **trazar nombres** de los miembros de la familia Actividades para **trazar las formas geométricas y los nombres de los animales.**

- Actividades para trazar los **12 meses y las 4 estaciones del año.**

- Actividades para trazar palabras de **alimentos, objetos y más.**

- Actividades para trazar los **colores, las emociones, los transportes y las partes del cuerpo.**

Recorre el trazo del camino que tiene que seguir el leopardo para llegar al árbol:

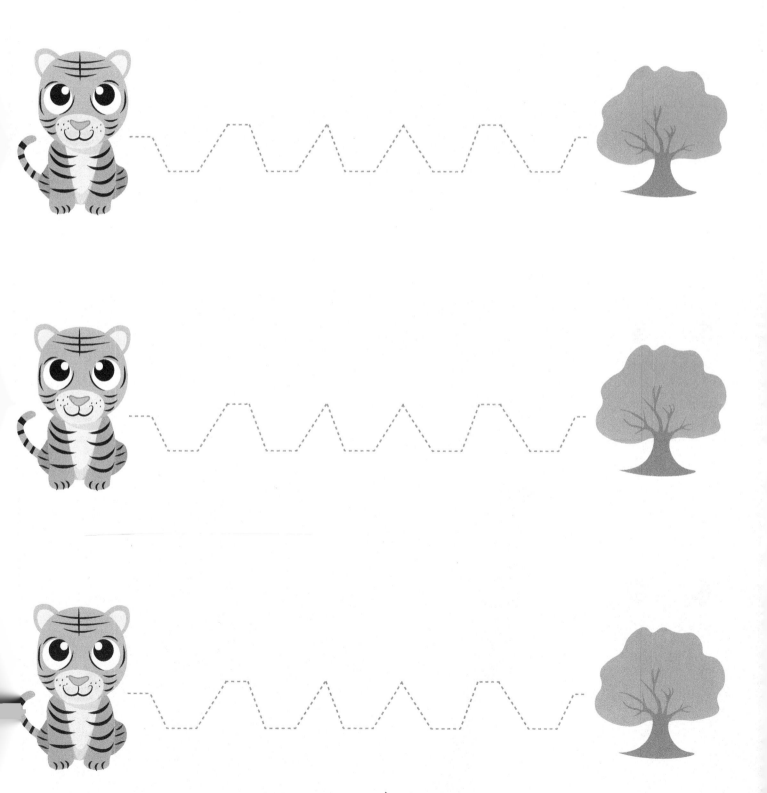

TRAZOS BÁSICOS

Recorre el trazo del camino que tiene que seguir la rana para llegar a la hoja:

Recorre el trazo del camino que tiene que seguir la rana para llegar a la hoja:

TRAZOS BÁSICOS

Recorre el trazo del camino que tiene que seguir el ave para llegar al nido:

TRAZOS INTERMEDIOS

Recorre el trazo del camino que tiene que seguir el ave para llegar al nido:

TRAZOS INTERMEDIOS

Recorre el trazo del camino que tiene que seguir el ave para llegar al nido:

TRAZOS INTERMEDIOS

Recorre el trazo del camino que tiene que seguir el canguro para llegar a los guantes de box:

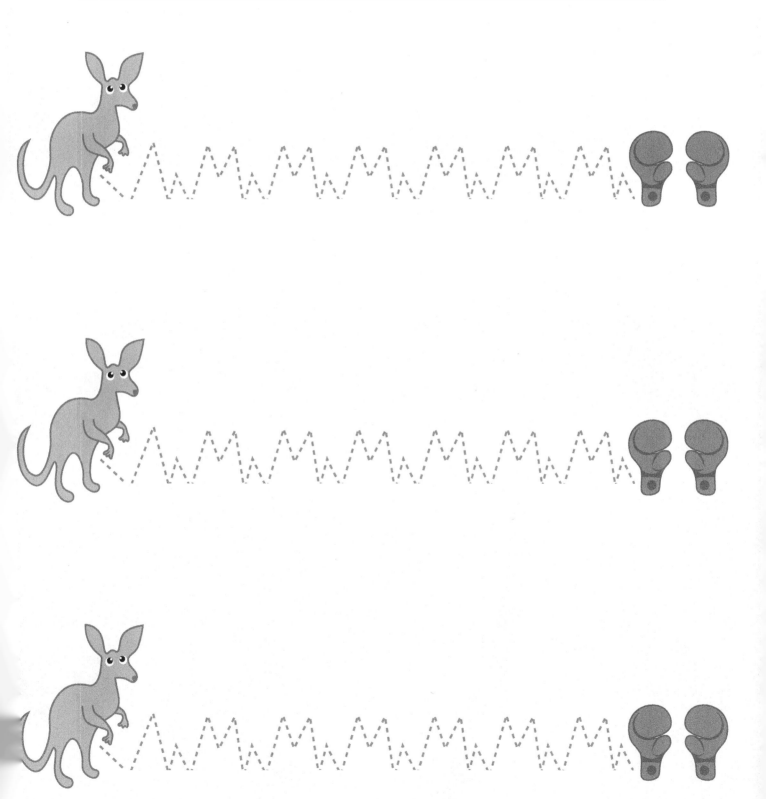

TRAZOS INTERMEDIOS

Recorre el trazo del camino que tiene que seguir el canguro para llegar a los guantes de box:

TRAZOS INTERMEDIOS

Recorre el trazo del camino que tiene que seguir el conejo para llegar a las zanahorias:

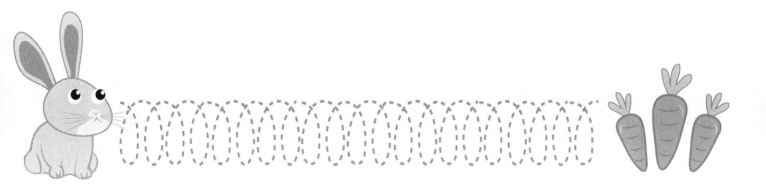

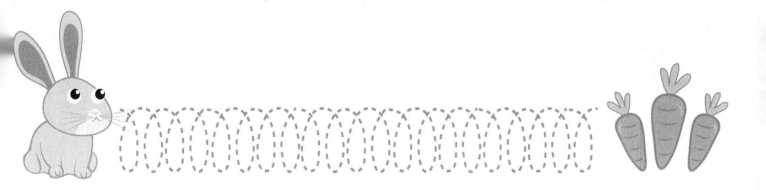

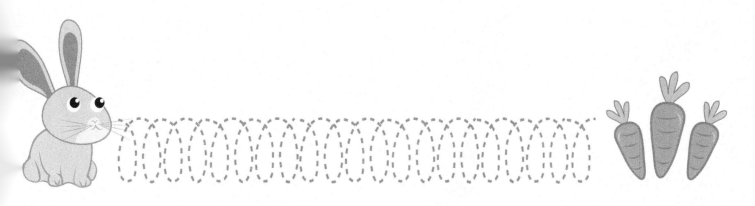

TRAZOS AVANZADOS

Recorre el trazo del camino que tiene que seguir el conejo para llegar a las zanahorias:

Recorre el trazo del camino que tiene que seguir la abeja para llegar a las flores:

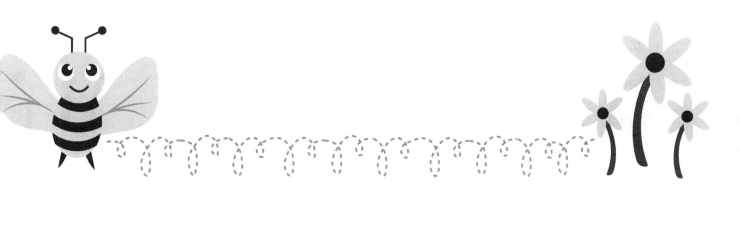

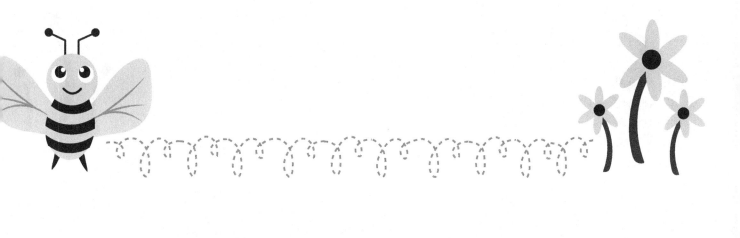

TRAZOS AVANZADOS

Recorre el trazo del camino que tiene que seguir la abeja para llegar a las flores:

TRAZOS AVANZADOS

Recorre el trazo del camino que tiene que seguir la abeja para llegar a las flores:

TRAZOS AVANZADOS

PRACTICANDO EL ABECEDARIO

Traza las letras mayúsculas:

ABCDEFGHIJKLMN

ÑOPQRSTUVWXYZ

Traza las letras minúsculas:

abcdefghijklmn

ñopqrstuvwxyz

PRACTICANDO EL ABECEDARIO

Traza las letras mayúsculas:

A B C D E F G H I J K L M N

Ñ O P Q R S T U V W X Y Z

Traza las letras minúsculas:

a b c d e f g h i j k l m n

ñ o p q r s t u v w x y z

PRACTICANDO EL ABECEDARIO

Traza las letras mayúsculas:

A B C D E F G H I J K L M N

Ñ O P Q R S T U V W X Y Z

Traza las letras minúsculas:

a b c d e f g h i j k l m n

ñ o p q r s t u v w x y z

PRACTICANDO EL ABECEDARIO

Traza las letras mayúsculas:

A B C D E F G H I J K L M N
Ñ O P Q R S T U V W X Y Z

Traza las letras minúsculas:

a b c d e f g h i j k l m n
ñ o p q r s t u v w x y z

PRACTICANDO EL ABECEDARIO

Traza las letras mayúsculas:

A B C D E F G H I J K L M N

Ñ O P Q R S T U V W X Y Z

Traza las letras minúsculas:

a b c d e f g h i j k l m n

ñ o p q r s t u v w x y z

Toma tu lápiz para trazar las letras que faltan en las siguientes palabras:

Ai re

Ag u jero

Alf a beto

Am i go

Árb o l

Are n a

Bande r as

Bol e to

B a rrio

Beb i da

B o sque

Bo t ón

Burb u ja

Cab e za

C a ja

Call e

Ca s a

Cam i no

Cam p o

Canc i ón

Toma tu lápiz para trazar las letras que faltan en las siguientes palabras:

Cara**c**ol

Car**t**a

Ca**s**a

Ciel**o**

Ci**n**e

Ciu**d**ad

Códi**g**o

Col**l**ar

Come**t**a

Cora**z**ón

C**u**ento

Di**e**nte

Dib**u**jo

D**u**da

Esc**a**lera

Es**p**ejo

E**s**trella

Fu**e**go

Glo**b**o

G**o**ma

Toma tu lápiz para trazar las letras que faltan en las siguientes palabras:

G_ano

Guit_rra

H_ja

Hu_vo

I_la

Ll_ve

Lluv_a

Lu_ar

L_z

Mad_ra

Male_a

Ma_a

M_r

Ma_tillo

Mo_taña

Mú_ica

N_be

Nú_ero

O_o

O_o

Toma tu lápiz para trazar las letras que faltan en las siguientes palabras:

País

Palabra

Papel

Parque

Pasillo

Pelo

Piel

Pincel

Piso

Planeta

Pueblo

Puerta

Punto

Recuerdo

Reloj

Rincón

Río

Rueda

Ruido

Sabor

Toma tu lápiz para trazar las letras que faltan en las siguientes palabras:

S_a_lida

S_i_lla

Su_e_lo

Teléf_o_no

Tier_r_a

Tie_m_po

Tije_r_a

Tin_t_a

Tít_u_lo

Trab_a_jo

Tro_n_co

Vi_e_nto

Zap_a_to

Z_o_o

Zumb_i_do

Abr_a_zo

Ag_u_a

Altu_r_a

Am_u_leto

Apl_a_uso

Toma tu lápiz para trazar las letras que faltan en las siguientes palabras:

Azú**c**ar

B**a**úl

B**o**lsillo

Bot**e**lla

Br**i**llo

Cá**m**ara

Car**a**melo

Cast**i**llo

Cer**e**bro

Cl**a**ve

Cue**r**da

Cu**e**nto

Di**b**ujo

Di**e**nte

D**o**n

E**c**o

En**i**gma

Esc**a**lera

E**s**pejo

Est**a**ción

E_statua

Fa_na

Fl_or

Fr_uta

Ge_sto

Glo_bo

Id_ea

Is_la

J_oya

Ll_uve

L_uz

Mal_eta

M_ono

Ma_na

Mari_posa

Br_oma

Bur_buja

Buf_anda

Ba_rba

Bu_lto

Combina las letras para formar palabras.

PA+TO = PATO

SO+L = SOL

CA+SA = CASA

RO+SA = ROSA

PI+E = PIE

Combina las letras para formar palabras.

ME+SA = MESA

LU+NA = LUNA

VI+NO = VINO

OJ+O = OJO

LA+GO = LAGO

Combina las letras para formar palabras.

TR+EN = _TREN_

PI+NO = _PINO_

O+RO = _ORO_

PA+LA = _PALA_

RUE+DA = _RUEDA_

Combina las letras para formar palabras.

PE+LO= PELO

RA+MA= RAMA

BO+CA= BOCA

LA+VA= LAVA

PE+SO = PESO

Traza las letras en el orden correcto para formar una palabra

O	H	A	L	=	HOLA
E	L	M	I	=	MIEL
O	D	A	D	=	DADO
A	V	A	L	=	LAVA
V	S	O	A	=	VASO

Traza las letras en el orden correcto para formar una palabra:

A C F O = FOCA

N A C U = CUNA

J A C A = CAJA

M A A C = CAMA

Z R I O = RIZO

Traza las letras en el orden correcto para formar una palabra:

T A S E = SETA

T E B O = BOTE

M O L O = LOMO

M A P U = PUMA

R A M I = RIMA

Traza las letras en el orden correcto para formar una palabra:

L	A	P	I	= PILA

O	H	R	A	= HORA

L	A	S	A	= SALA

A	S	A	L	= ALAS

O	T	M	O	= MOTO

El gato __corre__.

El sol está __saliendo__.

La __luna__ es brillante.

La __rana__ salta.

El elefante es __grande__.

Completa las oraciones trazando las palabras faltantes:

La rosa es __roja__.

El perro __bebe__ agua.

La __vaca__ tiene manchas.

La __llama__ es un animal.

El niño __baila__ mucho.

El pájaro _canta_.

La casa es _blanca_.

El pez _nada_ en el río.

El _auto_ es elegante.

La niña tiene _gripe_.

El _payaso_ salta.

El _avión_ está vacío.

El _ratón_ duerme.

El _globo_ es grande.

El _insecto_ es lindo.

El arcoíris brilla.

El tigre es rápido.

La guitarra está sucia.

El pato nada en el lago.

El sombrero es azul.

El _gato_ va al jardín.

El _cohete_ es caro.

La _fresa_ es una fruta.

El _barco_ navega.

Mi _nieto_ duerme.

La pelota es grande.

El tren lleva pasajeros.

El oso es salvaje.

El niño juega feliz.

Mi tío trae agua.

Mi _niño_ estudia.

Mis _orejas_ son suaves.

La _hormiga_ camina.

El oso es bien _grande_.

La _ballena_ es hermosa.

Observa las fresas.

El piano está roto.

La rosa es hermosa.

El gallo canta.

El vaso está vacío.

Completa las oraciones trazando las palabras faltantes:

El conejo _duerme_.

La niña _camina_.

El _profesor_ enseña.

La lombriz es _larga_.

Tienes _lindos_ ojos.

papá

tío

prima

hijo

abuelo

mamá

abuela

yerno

hija

bisabuelo

nieto

hermano

suegra

yerna

padrastro

hermana

cuñada

suegro

madrastra

sobrino

nieta

tía

primo

sobrina

cuñado

Recorre los trazos correctamente de cada figura a continuación:

Recorre los trazos correctamente de cada figura a continuación:

Recorre los trazos correctamente de cada figura a continuación:

Recorre los trazos correctamente de cada figura a continuación:

Recorre los trazos correctamente de cada figura a continuación:

Traza correctamente cada uno de los animales:

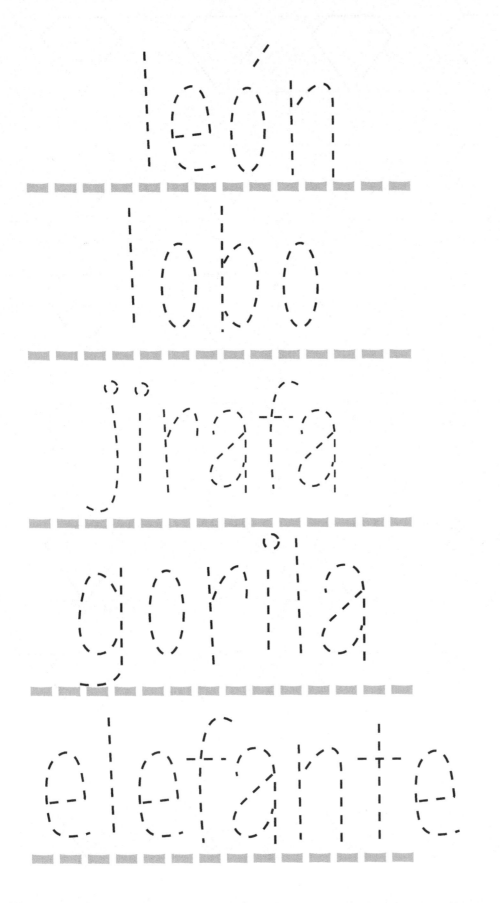

león

lobo

jirafa

gorila

elefante

Traza correctamente cada uno de los animales:

mono

delfín

ballena

tortuga

canguro

Traza correctamente cada uno de los animales:

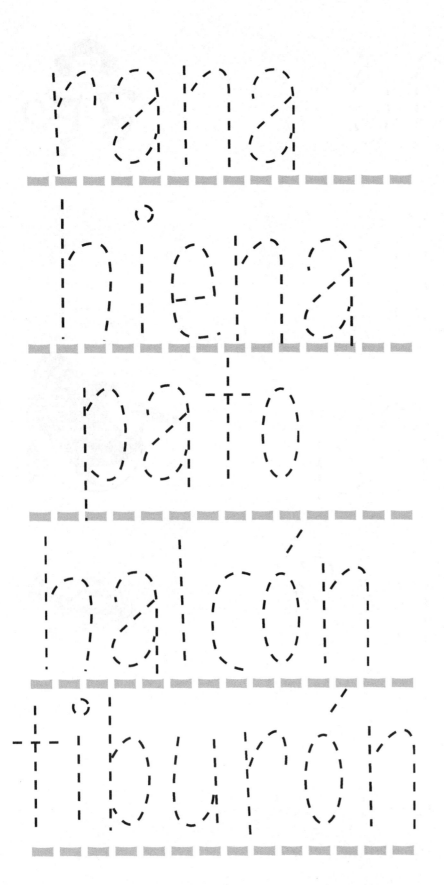

rana

hiena

pato

halcón

tiburón

Traza correctamente cada uno de los animales:

pavo

nutria

cisne

coyote

pescado

Traza correctamente cada uno de los animales:

araña

leopando

camello

andilla

murciélago

Traza correctamente cada uno de los meses del año:

Enero

Febrero

Marzo

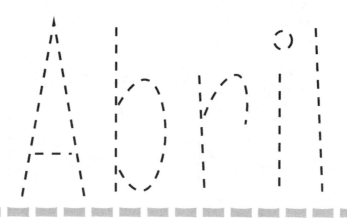

Abril

Traza correctamente cada uno de los meses del año:

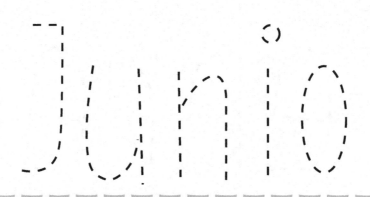

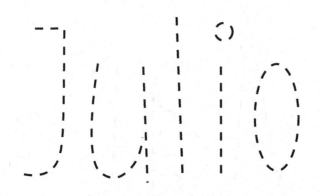

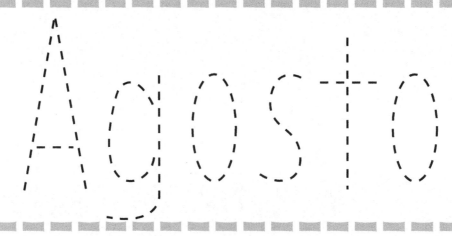

Traza correctamente cada uno de los meses del año:

Septiembre

Octubre

Noviembre

Diciembre

Traza correctamente cada uno de las estaciones:

Primavera

Primavera

Primavera

Primavera

Primavera

Traza correctamente cada uno de las estaciones:

Verano

Verano

Verano

Verano

Verano

Traza correctamente cada uno de las estaciones:

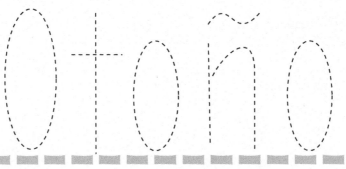

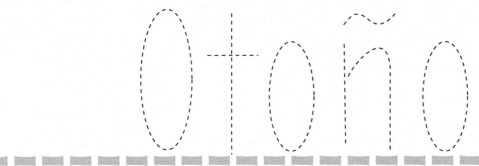

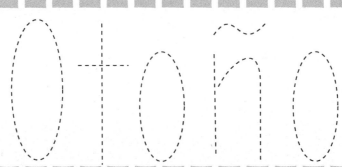

Traza correctamente cada uno de las estaciones:

Invierno

Invierno

Invierno

Invierno

Invierno

Traza correctamente cada uno de los objetos:

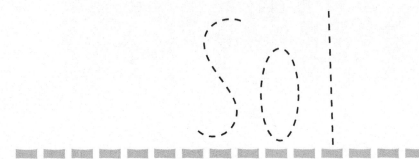

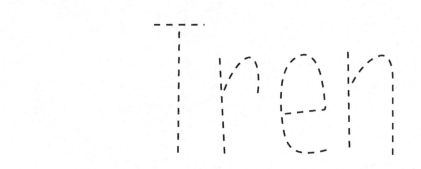

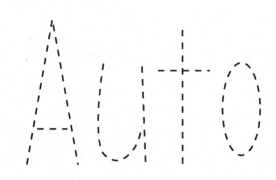

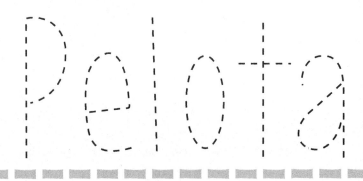

Traza correctamente cada uno de los objetos:

Flor

Libro

Gato

Perro

Traza correctamente cada uno de los objetos:

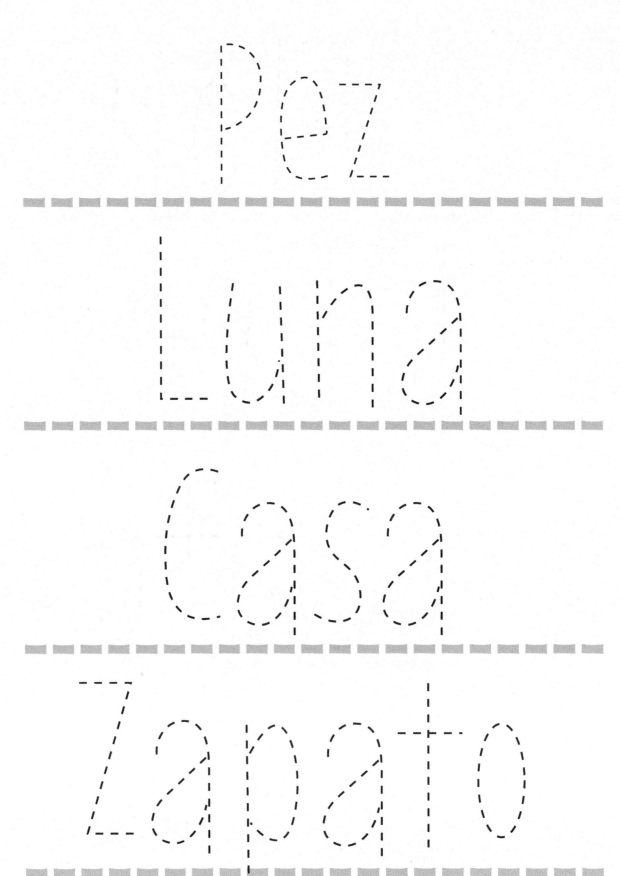

Pez

Luna

Casa

Zapato

Traza correctamente cada uno de los objetos:

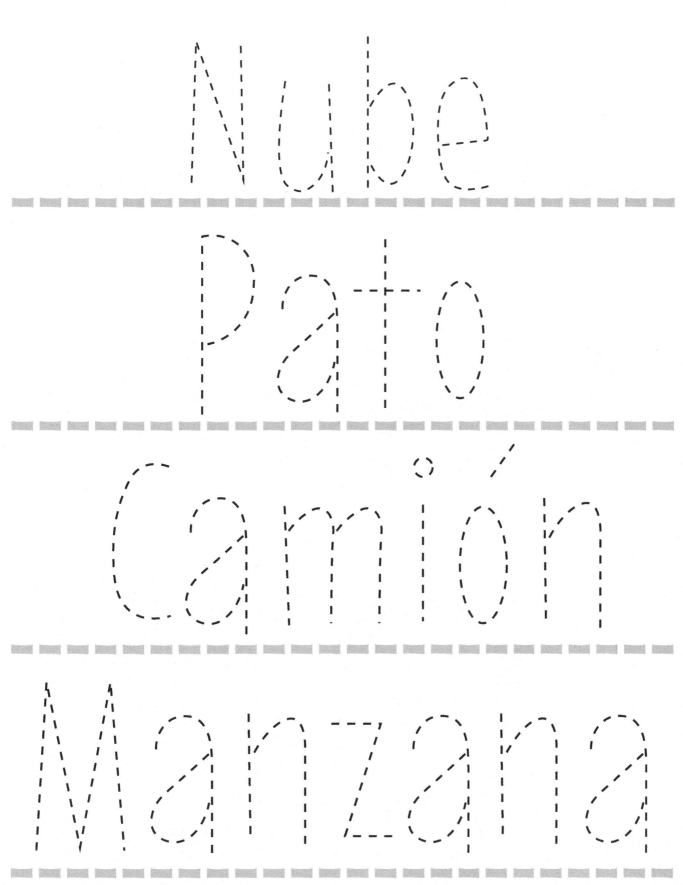

Nube

Pato

Camión

Manzana

Traza correctamente cada uno de los objetos:

Rana

- -

Globo

- -

Lápiz

- -

Conejo

- -

Traza correctamente cada uno de los objetos:

Peluche

Muñeca

Pantalón

Sombrero

Traza correctamente cada uno de los objetos:

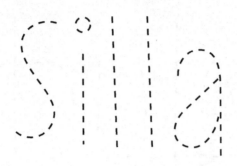

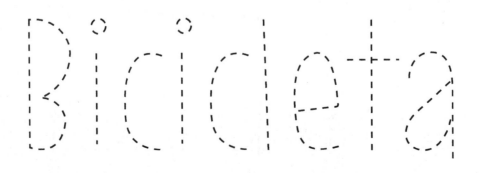

Traza correctamente cada uno de los objetos:

Taza

Pintura

Galleta

Estrella

Traza correctamente cada uno de los objetos:

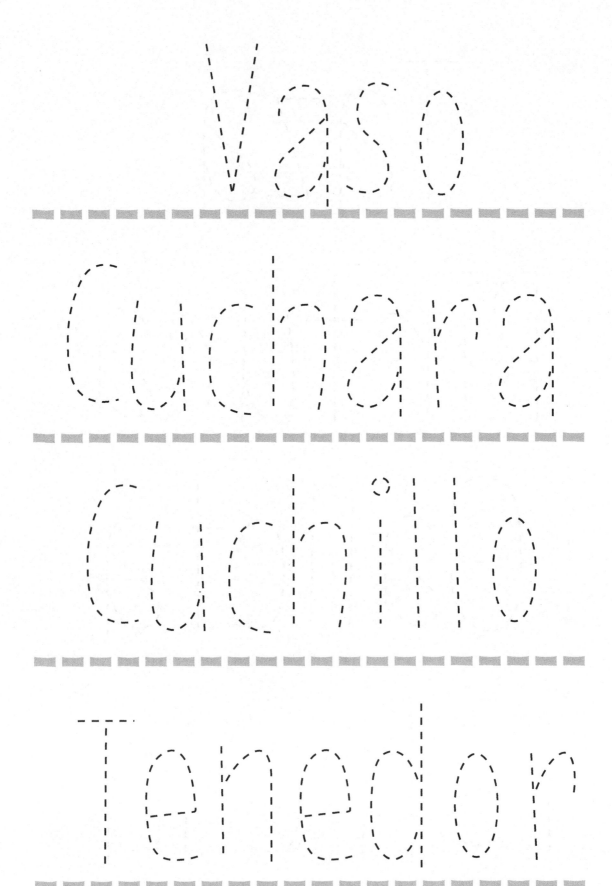

Vaso

Cuchara

Cuchillo

Tenedor

Plata

Reloj

Balón

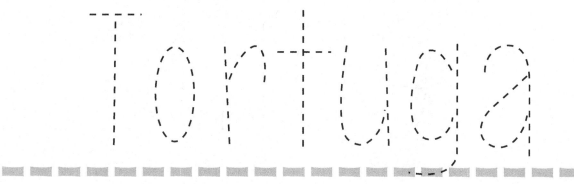

Tortuga

Traza correctamente cada uno de los objetos:

Coche

Peine

Caja

Cepillo

Traza correctamente cada uno de los objetos:

Pan

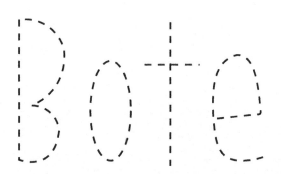

Bote

Termo

Teléfono

Traza correctamente cada uno de los objetos:

Pared

Gorra

Cartón

Puerta

Traza correctamente cada uno de los objetos:

Pala

Llave

Peluca

Pañuelo

Traza correctamente cada uno de los objetos:

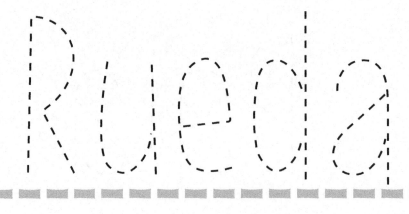

Rueda

Rama

Bufanda

Campana

Traza correctamente cada uno de los objetos:

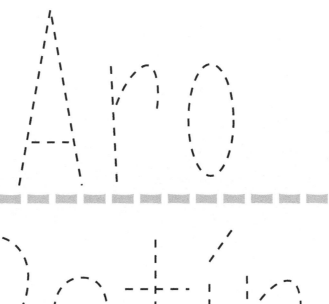

Año

Patín

Botón

Espada

Traza correctamente cada uno de los objetos:

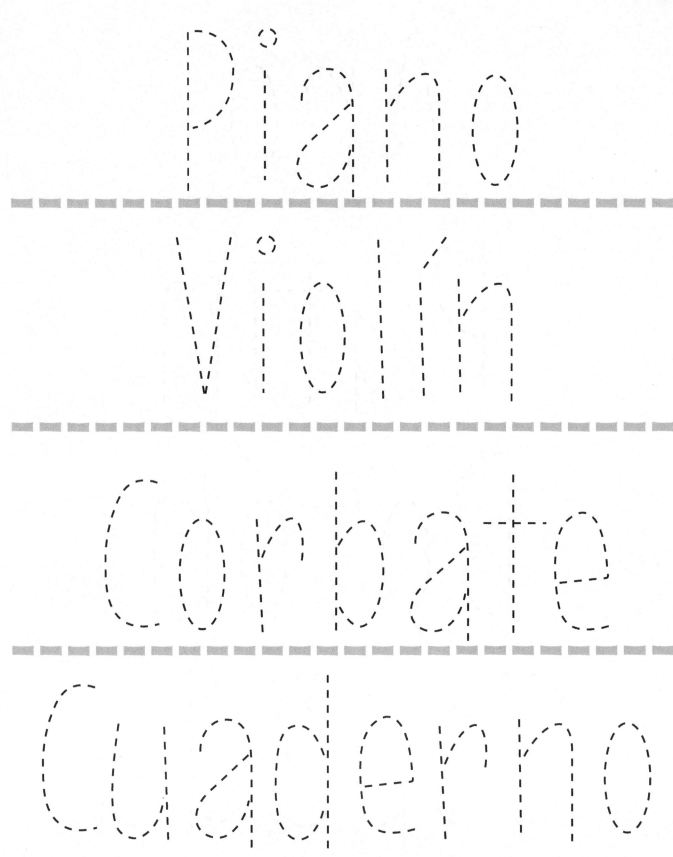

Piano

Violín

Corbate

Cuaderno

Traza correctamente cada uno de los colores:

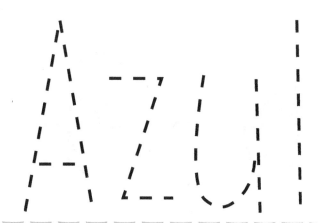

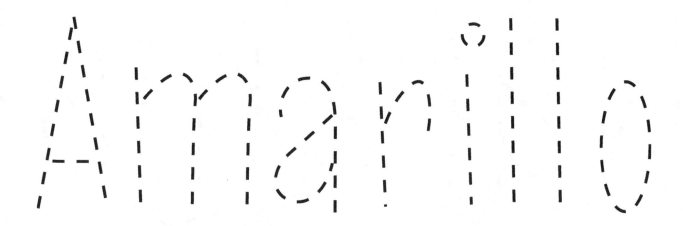

Traza correctamente cada uno de los colores:

Rosa

Negro

Naranja

Traza correctamente cada uno de los colores:

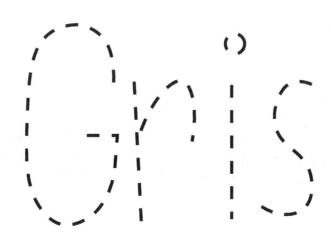

Gris

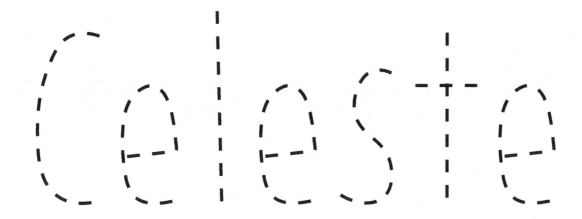

Celeste

Marrón

Traza correctamente cada uno de los colores:

Beige

Plateado

Turquesa

Traza correctamente cada uno de los colores:

Mostaza

Magenta

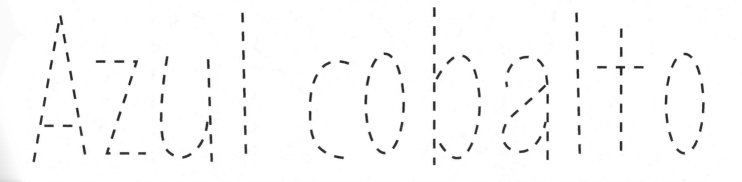

Azul cobalto

Traza correctamente cada uno de los colores:

Blanco

Dorado

Morado

Traza correctamente cada uno de los colores:

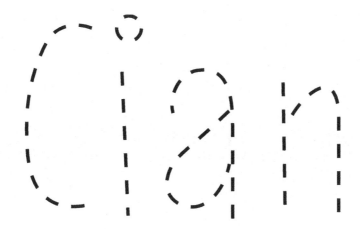

Traza correctamente cada uno de los emociones:

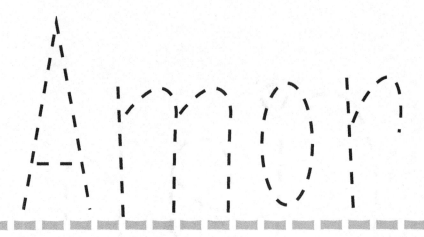

Amor

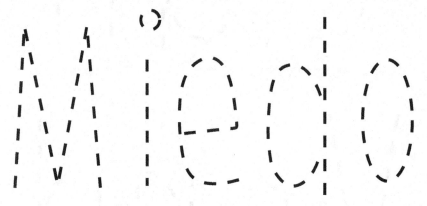

Miedo

Enojo

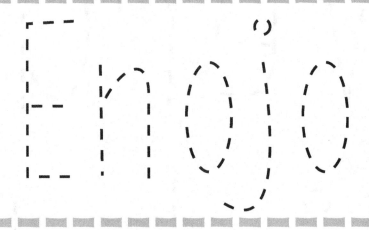

Felicidad

Traza correctamente cada uno de los emociones:

Sorpresa

Tristeza

Esperanza

Entusiasmo

Traza correctamente cada uno de los emociones:

Encanto

Plenitud

Resiliencia

Serenidad

Traza correctamente cada uno de los emociones:

Orgullo

- -

Soledad

- -

Empatía

- -

Compasión

- -

Traza correctamente cada uno de los emociones:

Éxtasis

Gratitud

Nostalgia

Inspiración

Traza correctamente cada uno de los emociones:

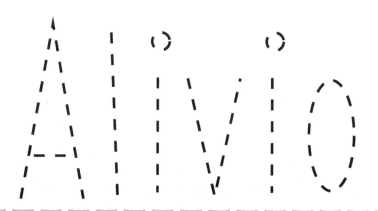

Alivio

Deseo

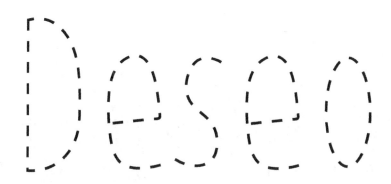

Confusión

Satisfación

Traza correctamente cada uno de los emociones:

Eufonía

Admiración

Indiferencia

Incredulidad

Traza correctamente cada uno de los transportes:

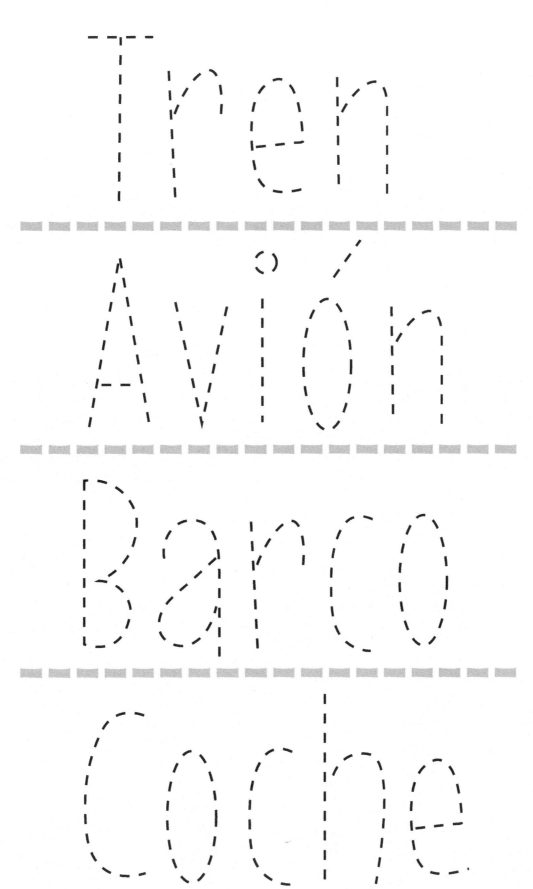

Tren

Avión

Banco

Coche

Traza correctamente cada uno de los transportes:

Autobús

Bicicleta

Helicóptero

Motocicleta

Traza correctamente cada uno de los transportes:

Tranvía

Camión

Carroza

Submarino

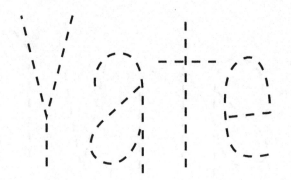

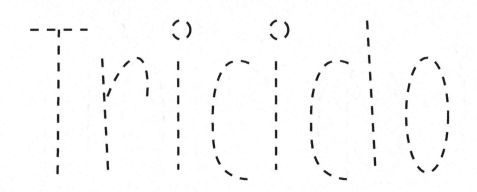

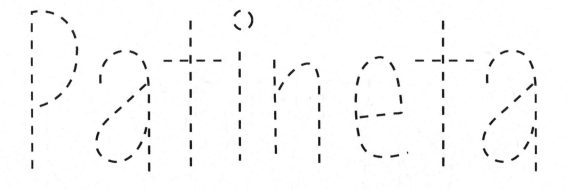

Traza correctamente cada uno de los transportes:

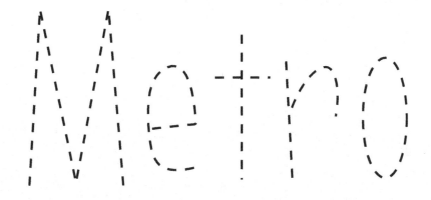

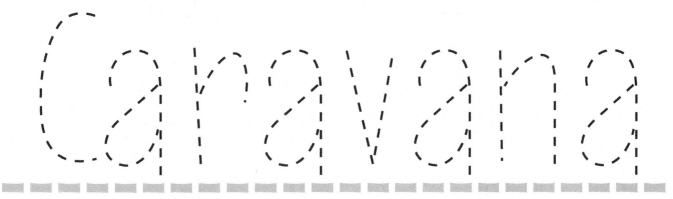

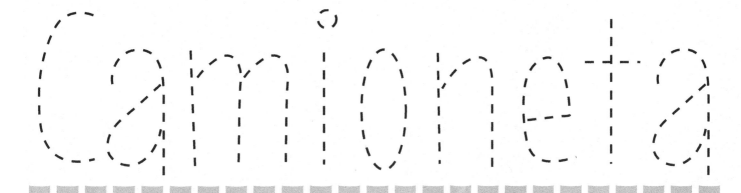

Traza correctamente cada uno de los transportes:

Canoa

Jet Ski

Trineo

Teleférico

Traza correctamente cada uno de los transportes:

Tractor

Lancha

Limusina

Mototaxi

Traza correctamente cada una de las partes del cuerpo:

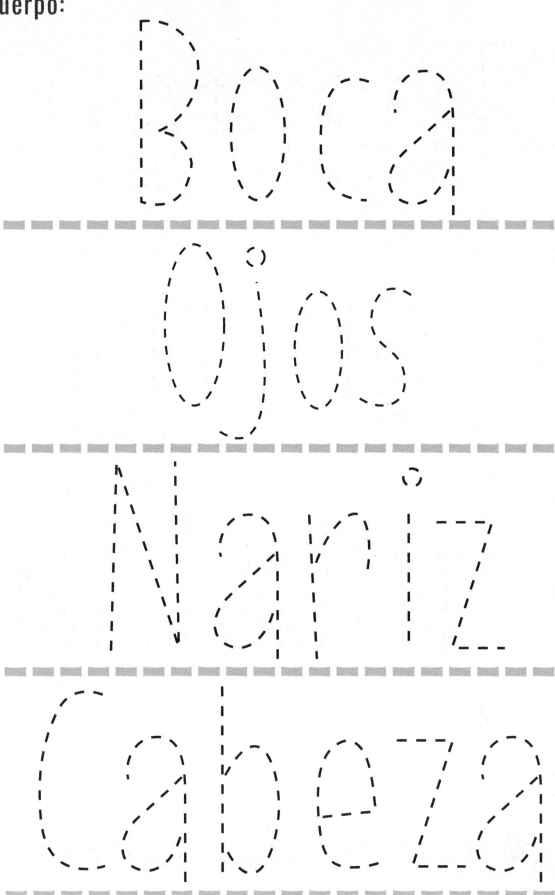

Traza correctamente cada una de las partes del cuerpo:

Pies

Brazos

Manos

Orejas

Traza correctamente cada una de las partes del cuerpo:

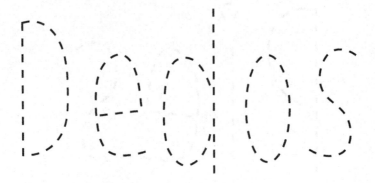

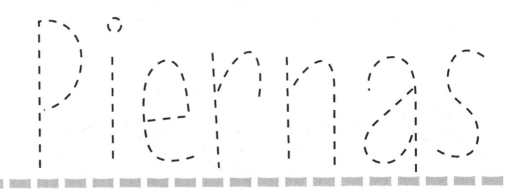

Traza correctamente cada una de las partes del cuerpo:

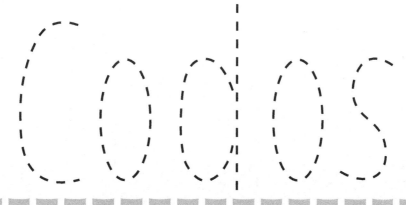

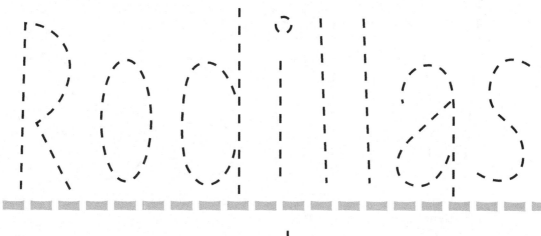

Traza correctamente cada una de las partes del cuerpo:

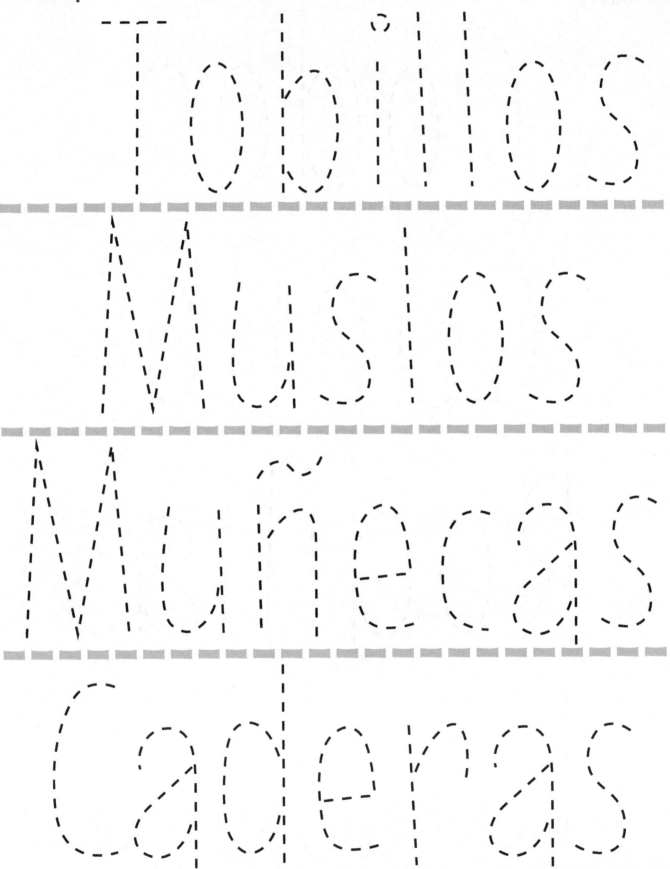

Tobillos

Muslos

Muñecas

Caderas

Traza correctamente cada una de las partes del cuerpo:

Frente

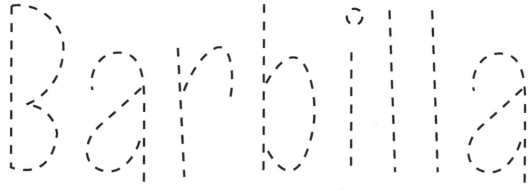

Barbilla

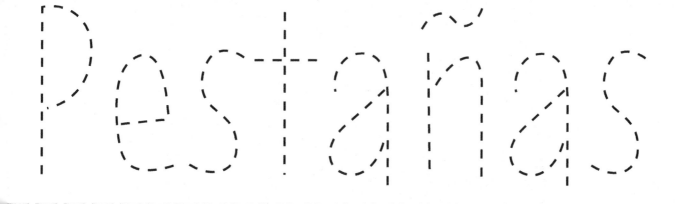

Pestañas

Articulación

Traza correctamente cada una de las partes del cuerpo:

Uñas

Labios

Mejillas

Pulgares

Traza correctamente cada una de las partes del cuerpo:

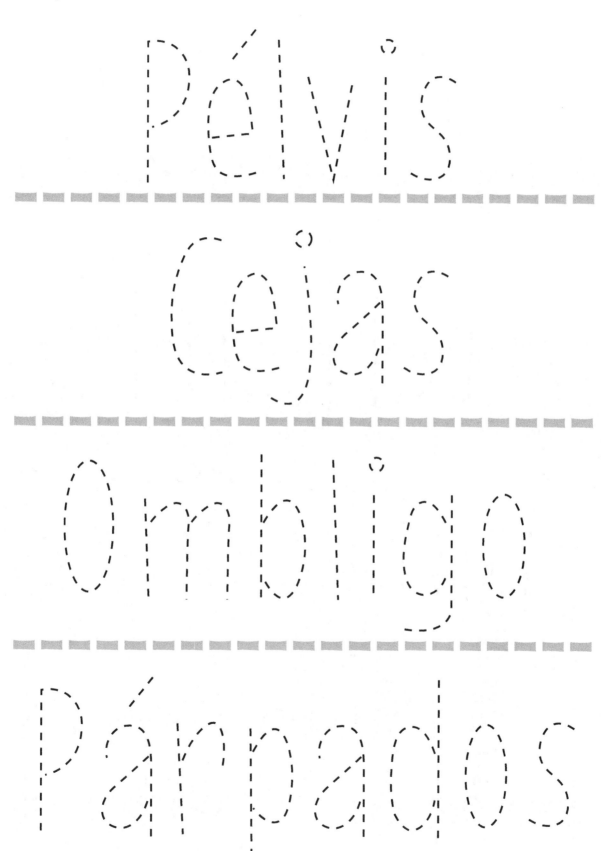

Pélvis

Cejas

Ombligo

Párpados

Traza correctamente cada uno de los alimentos:

Fresas

Plátano

Manzana

Espinaca

Traza correctamente cada uno de los alimentos:

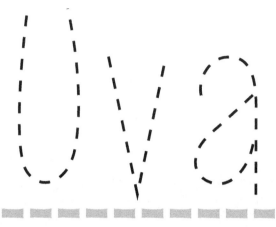

Uva

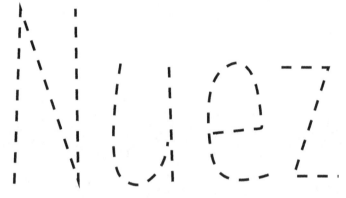

Nuez

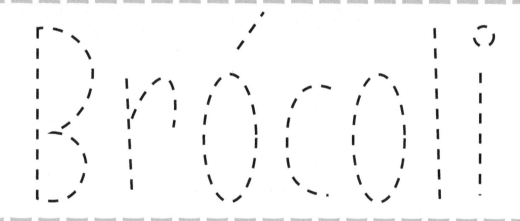

Brócoli

Zanahoria

Traza correctamente cada uno de los alimentos:

Pera

Avena

Salmón

Tomate

Traza correctamente cada uno de los alimentos:

Kiwi

Yogur

Huevo

Pimiento

MUCHAS GRACIAS!

Muchas gracias por adquirir este libro. Si te ha gustado, le agradeceríamos enormemente que dejara una reseña de Amazon con el fin de poder mejorar el libro con tu valiosa ayuda.

Las reseñas son el elemento vital de nuestros esfuerzos editoriales. Puedes contarnos que es lo que más te ha gustado del libro o que has echado en falta.

¡Disfruta tu libro y hasta la próxima!

Made in the USA
Las Vegas, NV
28 November 2024

12843789R00070